ともだちづくりの先生が……ゾロリ!?

今日も元気にたびをつづける、ゾロリたち。
おいしそうなトマトを手に入れて
とてもゴキゲンに歌っています。

りっぱなトマトを見つけたぜー♪

スッポコペッポコポコポコピー♪

さすが、ゾロリせんせだ！

「なかよしで、楽しそう……。」

木のかげから、うらめしそう……ではなく
うらやましそうに見ているのが「フワリン」です。

こんど、ようかい学校に入学するのですが
はずかしがりやで、ともだちができるか、ふあんでいっぱい。

フワリンはゾロリたちを見て思いました。
「そうだ。あの人たちについていったら、
ともだちがつくれるようになるかも……。あの人、
『先生』ってよばれているし、だいじょうぶだよね。」
どうやら、「かんちがい」をしているようですが、
フワリンは、ゾロリたちに
こっそりとついていくことにしました。

もくじ

ともだちづくりの先生が……ゾロリ!? ―― 2

1 ともだちってなんだ？ ―― 5

1-1 ともだちがいるとどうなる？ ―― 6
「うれしい」はもっとうれしい 「さびしい」ははんぶんに ―― 8
きみのまわりにいるのはどんな人？ ―― 10

1-2 どうやって話しかけよう？ ―― 16
あいさつからはじめよう ―― 18
「ていねいことば」と「なかよしことば」 ―― 22
目を見て、にっこり なかよししぐさ ―― 26

1-3 自分のことを知ってもらおう ―― 28
すきなものをあつめてみよう ―― 30
にがてなものもきみのいちぶ ―― 32

1-4 じょうずに聞いてもっとなかよく ―― 38
人の話はさいごまでよく聞こう ―― 40
あいづちをうってみよう ―― 42
おしゃべりはキャッチボール？ ―― 44

1-5 自分の気もちのつたえかた ―― 48
今の気分はうれしい？ かなしい？ ―― 50
あいてを思ってつたえよう ―― 52

ともだち へやわけパズル ―― 54

2 ともだちと なかよくなろう ―― 55

2-1 やくそくはまもろう ―― 56
やくそくのしかた ―― 58
よていがかわったら？ ―― 60

2-2 つかう「ことば」をだいじにしよう ―― 62
「ちくちくことば」にちゅういしよう ―― 64
「ふわふわことば」をつかってみよう ―― 66
にがてなことも、いいところになる!?
「言いかえ」にちょうせんしよう ―― 68

2-3 けんかとなかなおり ―― 72
いかりの心のしずめかた ―― 74
なかなおりは自分から ―― 76
ふまんがあったら言っていい ―― 78
「ちがう」いけんも言っていい ―― 80

2-4 ひとりの時間もたいせつにしよう ―― 82
ひとりの時間を楽しもう ―― 84
「自分とお話し」してみよう ―― 86

2-5 きょうそうあいてとつきあうには ―― 88
「そんけいできるところ」をさがしてみよう ―― 90

もうだいじょうぶ ともだちづくり ―― 92

フワリンちゃんは、こんど
ようかい学校に行くんですって！
いつもにぎやかなゾロリちゃんについていって
ともだちづくりのコツを知りたいみたい
みんなもいっしょに、ともだちとなかよくなる
ほうほうをさがしてみましょうね

ともだちって なんだ？

「ともだちはだいじだよ」って
いうけれど、ともだちってなんだろう……？
どうしたら、ともだちになれるのかな？
ともだちづくりでたいせつなことを
いっしょに見(み)つけにいこう。

1-1 ともだちがいるとどうなる？

ゾロリたちが歩いていた先には
すてきな原っぱがありました。

「そろそろお昼にしようか。」

ノシシがおにぎりをとりだしたところで
たんぽぽのわた毛がとんできて
ノシシのはなをこちょこちょくすぐりました。

「フエーックショイ！」

おにぎりは
ノシシの手からとびあがり
ころりとおちて、あなの中……。
大こうぶつをなくしたノシシは
しょんぼりしてしまいました。でも……。

1 ともだちってなんだ？

「おちたのは、ありのすみたいだな。
　　ありが、ありがとうって言ってるぞ。」
「おらのおにぎり、はんぶん食べるだか？」

ゾロリたちは、ノシシにおにぎりを分けてあげました。

「あ！シャケとうめぼし、
　　いっしょに食べると
　　ふしぎなあじになるだよ。」
「ほんとだ、新はっけんだな！」

3人は、なんだか
楽しくなって、
おにぎりを分けあいました。

ありがとう

お昼ごはんがへっちゃったのに
どうして3人は楽しそうなのかな？

1-1 ともだちがいるとどうなる？

「うれしい」はもっとうれしい
「さびしい」ははんぶんに

おにぎりをおとしちゃったノシシは、
ゾロリやイシシに分けてもらえました。

これが**ひとりぼっちのとき**だったらどうかな？
おなかもペコペコだし、
「しょんぼりしたー」「おなかすいたー」
という気もちを、だれにもつたえることができずに
もっとしょんぼりしちゃいそうな気がするよね。

しょんぼり……

おもしろい本を読んだり、おいしいものを
食べたり、うれしいことがあったときも
「いいよね」「そうだね」とつたえあえると
もっと楽しくなってくる。

**いろんな気もちを分けあえるのが
ともだちのすてきなところなんだ。**

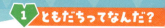

はんたいに
ゾロリとイシシは、食べられるおにぎりが
ちょっとへっちゃったのに、うれしそうなのは
どうしてかな？

1-1 ともだちがいるとどうなる？

きみのまわりにいるのは どんな人（ひと）？

とくいなこと、にがてなことや、すきなものって、
みんなちがうんだ。
上（うえ）のゾロリたちのように、
きみのまわりにも、いろいろな「せいかく」の人（ひと）がいる。
身近（みぢか）な人（ひと）のせいかくを知（し）れば、もっとなかよくなれるかも！

つぎのページからはじまる
「せいかくタイプしんだん」でチェックしてみよう。

みんなはどんな
せいかくかな？

やってみよう！ せいかくタイプしんだん

しつもんの答えをえらんだら、えらんだ答えのばんごうにすすもう。さいごにきみのせいかくタイプがわかるよ

ここからスタート

1 お天気がいい日は？
出かけたい ➡ ②へ
家にいたい ➡ ③へ

2 すきなおかずは？
とっておいてじっくり食べる ➡ ④へ
さいしょに食べる ➡ ⑤へ

3 もしも、へんしんできるなら？
パイロットになる ➡ ⑤へ
おかし屋さんになる ➡ ⑥へ

4 電車にのるとき、どこにすわりたい？
まどがわ ➡ ⑦へ
つうろがわ ➡ ⑧へ

5 おてつだいするなら？
そうじ ➡ ⑧へ
おつかい ➡ ⑨へ

6 これはなんのポーズ？
ばっちりだぜーっのポーズ ➡ ⑨へ
ジャンケンでチョキを出している ➡ ⑩へ

7 ものすごく大きなたまごをもらったよ！ きみならどうする？
ゆでたまごにしてかぶりつく ➡ ⑪へ
スクランブルエッグにしてみんなで食べる ➡ ⑫へ

1 ともだちってなんだ？

つぎのページにつづくよ

8 人気のくじびきに大行列ができているよ きみならどうする？

ワクワクしながら
ならぶ ➡ 12 へ

少ししてから
もういちど来る ➡ 13 へ

12 歩いていたら、たからばこが おちていたよ！ どうする？

おとした人を
さがす ➡ しんだん A へ

けいさつに
とどけに行く ➡ しんだん C へ

9 1つもらうなら どっちをもらう？

ピカピカの
うんどうぐつ ➡ 13 へ

フルーツたっぷり
ロールケーキ ➡ 14 へ

13 宇宙人があらわれた！ 話をしたそうだけど、どうする？

かくれる
➡ しんだん C へ

話を聞いてみる
➡ しんだん B へ

10 年下の子に、お気に入りの本を かしてと言われたら？

いっしょに
読む ➡ 14 へ

そのまま
かしてあげる ➡ 15 へ

14 ボールを10回つづけてけれたら 賞品がもらえるって！ どうする？

ひとりでれんしゅうする
➡ しんだん D へ

うまそうな人に
教えてもらう ➡ しんだん E へ

11 原ゆたかの家に行ったら どうする？

『かいけつゾロリ』に出してもらえるように
たのむ ➡ しんだん A へ

にがお絵入りのサインを
もらう ➡ しんだん B へ

15 おひめさまに プレゼントをするなら……

キラキラのブローチ
➡ しんだん E へ

おいしそうなクッキー
➡ しんだん D へ

1 ともだちってなんだ？

ゾロリタイプ
- 明るくてみんなを楽しませるのがすき。
- たよりにされるとはりきる。

イシシタイプ
- おっとりしていてだれかをおてつだいするのがとくい。
- 話を聞くのがじょうず。

ノシシタイプ
- コツコツがんばりやさん。
- 絵をかいたり本を読んだりするのがすき。

ビートタイプ
- まじめで正義感にあふれている。
- いつでも本気でいっしょうけんめい。

ローズタイプ
- 細かいことに気がつき、おちついているしっかりもの。
- 計画を立てるのがとくい。

ほかの人とくらべてみてね

みんなそれぞれちがいがあるのよ

やってみよう！
いっしょにあそぼう！
ゆめのペアチケット

ともだちとふたりであそびに行ける、ゆめのペアチケットをもらったよ！
ゾロリ、イシシ、ノシシ、ビート、ローズの5人のうち、ひとりをえらんであそびに行くとしたら、①〜⑥のどのチケットがいいかな？
1つえらんで右ページのメモに書いてみよう。

①きょうふの地獄りょこう
「はり山地獄などごあんない！」

②カードバトル大会
「めざせ！ 世界一のカード王」

> おれさまは
> どこでもだれとでも
> 楽しんじゃう
> けどね

きみはだれと
あそびに行きたい？

ゾロリ

ビート

イシシ

ノシシ

ローズ

13ページのせいかくも見て考えてみよう

1 ともだちってなんだ？

③ ばくそうカーレース！
「スピードずきにはたまらない」

⑥ たこやき屋さんになろう！
「オリジナルたこやきがつくれるよ！」

④ ぶらり電車のたび
「とちゅうでおべんとうも買える！」

たとえば⑥のたこやき屋さん。
ローズとしっかりじゅんびして、
いろんなたこやきを
つくってみたいとかね。

⑤ かいぞくのおたからさがし
「たからの地図でぼうけんしよう！」

メモ

● どのチケットがいい？

● だれと行きたい？

● どんなふうにあそびたい？

1-2 どうやって話しかけよう？

ゾロリたちが歩いていると
ベンチに女の子がすわっていました。
でも、なんだか元気がないみたい。
「よーし、おれさまが元気づけてあげよう。」と
ゾロリは遠くから

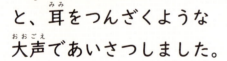

こんにちはー！

と、耳をつんざくような
大声であいさつしました。
フワリンは
「あんなに元気にあいさつできるなんて、すごいなあ。」
と思いました。
しかし……あまりの声の大きさに
女の子はびっくりして、
ベンチからころげおちてしまいました。

「おどろかせてしまっただ。」
「こんどは、そーっと声をかけてあげるだ。」

はんせいしたイシシとノシシは……

「こんにちはー
おけがはないだか……」

と、こんどはとても小さい、
か細い声で話しかけました。

女の子は、後ろから、
ぼそぼそと小さな声で話しかけられたので
「キャー、おばけ！」と、
よけいにびっくりして、にげていってしまいました。

「あれー？　元気なさそうに見えたんだけどなぁ……。」
ゾロリは首をかしげました。

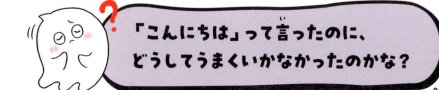
「こんにちは」って言ったのに、どうしてうまくいかなかったのかな？

1-2 どうやって話しかけよう？

あいさつからはじめよう

ゾロリは大声であいさつをして、女の子をびっくりさせちゃったね。
あいさつは、タイミングや声の大きさもたいせつなんだ。

ところできみは、朝は「おはよう」、ねる前は「おやすみ」の
あいさつができているかな？

朝、「おはよう」と言われたら、「おはよう」とかえすんだ。

ちょっとしたことだけど
あいさつは、するほうも、されるほうも気もちがいいよ。
しかも「あいさつ」は、話をするきっかけにもなることばなんだ。
いろんなばめんで、あいさつがしっかりできると、
いいことがたくさんあるよ。

あいさつ チェックシート

あいさつには、いろいろなしゅるいがあるよ！
ぜんぶのあいさつを、つかいこなしてみよう。

出会ったとき
- ☐ 朝　「おはよう」
- ☐ 昼　「こんにちは」
- ☐ 夜　「こんばんは」

おわかれするとき
- ☐ 「さようなら」

ねるとき
- ☐ 「おやすみなさい」

お出かけのとき
- ☐ 出かけるとき　　「いってきます」
- ☐ 見おくるとき　　「いってらっしゃい」
- ☐ 帰ってきたとき　「ただいま」
- ☐ 出むかえるとき　「おかえりなさい」

ごはんのとき
- ☐ 食べる前　　　「いただきます」
- ☐ 食べおえたら　「ごちそうさま」

なにかおねがいするとき
- ☐ 「よろしくおねがいします」

なにかしてもらったとき
- ☐ 「ありがとうございます」
- ☐ （ありがとうと言われたら）
　　「どういたしまして」

> じょうずに言えたら
> ☐に○を書きましょう
> ぜんぶ言えたら
> 花まるよ

やってみよう！ ピッタリあいさつクイズ

①〜⑧それぞれのふきだしにはア〜クのどれかのことばが入るよ。
絵に合った「あいさつ」のことばをえらぼう。
ぜんぶのことばをつかうから、ピッタリなものをえらんでね。

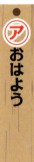 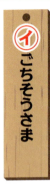 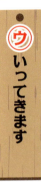     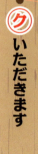

- ア おはよう
- イ ごちそうさま
- ウ いってきます
- エ ひさしぶり
- オ こんばんは
- カ いってらっしゃい
- キ こんにちは
- ク いただきます

時間によってかわるあいさつ

道で人に会ったよ。それぞれなんて言うといいかな？

1 ともだちってなんだ？

お出かけのあいさつ
出かける人と見おくる人は なんて言う？

ごはんを食べるとき

しばらく会っていなかった人に

「1年ぶりだね！」

1-2 どうやって話しかけよう？

「ていねいことば」と「なかよしことば」

「おはよう」と「おはようございます」
おなじ朝のあいさつだけど、なにがちがうのかな？

学校の先生や年上の人、はじめて会う人には
「おはようございます」と
「ていねいことば」をつかうといいんだ。

なかよくなった人には
「おはよー」「よっ！」っと
「なかよしことば」で
元気に言うと楽しくなれるよ。
ただ、おとなや先生などからは
「なれなれしい」と思われちゃうこともあるんだ。

どちらか、わからないときは
「ていねいことば」にしておくといいよ。

まずはどちらもまねしてつかってみよう。

1 ともだちってなんだ？

ていねいことば

学校の先生や、おとな、はじめて会う人に

なかよしことば

なかのよいともだちに

ていねいことば		なかよしことば
おはようございます		おはよー
よろしくおねがいします		よろしく
わかりました		オッケー
しつれいします		じゃあね〜

「ていねいことば」がつかえると
少しおとなっぽくてかっこよく見えるかも！
しっぱいしてもいいやって気もちで
ひとつひとつ身につけてね

23

やってみよう！
「ていねいことば」「なかよしことば」どっちかな？ クイズ

下の❶〜❹の場合、ていねいことばと、なかよしことばどっちの言いかたがいいかな？　どちらかえらんでみよう。

❶ 先生からなにかを教えてもらうときは？

- **ていねい**　「よろしくおねがいします」
- **なかよし**　「よろしくたのむぜ！」

❷ ともだちからあやまられたときは？

- **ていねい**　「おこっていませんよ」
- **なかよし**　「気にすんな〜！」

❸ だいじなものをわすれてみんなをこまらせたときは？

- **ていねい**　「ごめんなさい」
- **なかよし**　「ごめんねー」

❹ レストランで店員さんをよぶときは？

- **ていねい**　「すみませーん！」
- **なかよし**　「おーい！」

1 ともだちってなんだ？

ゾロリたちもクイズの答えを考えたよ

イシシ ❶は「よろしくたのむぜ！」じゃないだか？

ノシシ んだ、いつもそんなかんじだしな。

イシシ ❷の「ともだちからあやまられたとき」は「ていねい」がいいだか？

ノシシ 「おこっていませんよ。」

イシシ 「ぜんぜん気にしてないですよ？」

ゾロリ ふたりとも、すごく気にしてるように聞こえるぞ。

イシシ ❸の「だいじなものをわすれたとき」は、どうしたらいいだ？

ゾロリ わすれたものを、そこでつくっちゃえばいいか！　ニヒニヒ。

ゾロリ ❹の店員さんをよぶのは、かんたんだよな。

イシシ んだ。ラーメンいっちょう！

ノシシ チャーハン２人前！

ゾロリ ギョーザもつけてね！　……って、これじゃあ来てもらえんぞ！

> ゾロリちゃんたちは話してるうちに
> クイズに答えるのをわすれちゃったみたいね
> あなたは答えを出せたかしら？
> ３人のように話しあってもいいわよ

答え　①ていねい、②やわらかし、③ていねい、④ていねい、がおすすめだよ。

1-2 どうやって話しかけよう？

目を見て、にっこり なかよししぐさ

話をするときは、あいてと
目を合わせるのもたいせつなんだ。
目を合わせることを、
「アイコンタクト」ともいうよ。

ゾロリの顔を見ると、声が聞こえなくても、
「おどろいているな」「うれしそうだな」とかんじるね。

だから、**まずは目を合わせて、あいての顔を見てみよう。**
ニコニコしていれば、あいてには「楽しそうだ」ってつたわるよ。

きんちょうしているときや
楽しくないときもニコニコ顔をすると
だんだん楽しくなって
くることもあるのよ

1 ともだちってなんだ？

やってみよう！ いろんな表情

ゾロリのように、わらったりおどろいたり、いろんな表情をしてみよう。
自分の気もちがつたえられるように、かがみの前でれんしゅうしてみようね。

❶ まずは アイコンタクト

かがみの中の自分と目を合わせて、「元気ー？」と声をかけてみよう。
手をふってもいいよ。

❷ 口をあけて 「わっはっはー！」

「わっはっはー！」と
わらってみよう。
「はー！」のときにはできるだけ
大きな口をあけてね。

❸ まゆ毛を下げて 「がっかり」

まゆをよせて
口を「へ」の字に。
こまっているときは
この顔をしてみよう。

❹ 歯を見せて 「やってやるぜ！」

口をむすんだまま
「ニッ」と言ってみよう。
目に力を入れると、
元気に見えるよ。

へんな顔にも ちょうせーん

しゃしんをとるときべんりな
おどけた表情「へん顔」。
したを出したり
目や口を大きくうごかそう！

まっすぐ立つと
おたがいの顔が見やすくなるよ！

1-3 自分のことを知ってもらおう

今日のゾロリは"じまん大会"にさんかしています。
気合いを入れたゾロリが、じこしょうかいをはじめます。

「おれさまの名前はゾロリ。いたずらのおうじゃをめざしているぜ！
　ゆめは、自分のお城をもつことだ。」

ゾロリはつづけます。
「とくぎは発明！
　見てくれ、おならをしても
　いいにおいになるズボンや、
　おにぎりのなかみを当てる
　きかいだぜ。」

会場からは
「くだらないけど、すごいわ。」
「わっはっは！
　よく思いつくな〜！」
と、はんのうもじょうじょう。

となりにいた、イシシとノシシもさんかします。

「ゾロリせんせは
　おやじギャグも天才てきだ。」

「しかも、とってもゆうめい人。」

それを聞いたゾロリはふしぎに思って
「おれさまって、ゆうめい人だっけ？」と聞くと、

「いろんなところに、ポスターが
　はってあっただよ！」

ノシシは、ゾロリのポスターを
とりだしました。

「ぶあっかも〜ん！　それは
　しめいてはいのポスターだぜ！
　じまんできないことじゃないか！」

ゾロリはあわててステージから
にげていきましたとさ。

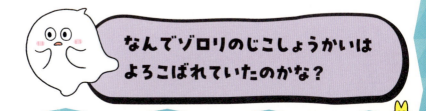

なんでゾロリのじこしょうかいは
よろこばれていたのかな？

1-3 自分のことを知ってもらおう

すきなものをあつめてみよう

ゾロリはじこしょうかいで、「とくぎの発明」のことを話していたよね。

きみも、とくいなことやすきなことがあれば、
じこしょうかいで話してみよう。
すきなものがおなじ人がいたら、話もはずむし、なかよくなれるかも!!

**ともだちとなかよくなるには、
自分のことを知ってもらうのが近道なんだ。**

すぐに「すきなもの」が思いうかばなくても
だいじょうぶ。
右のゾロリのしつもんに答えてみよう。
じこしょうかいで話したいことが見つかるよ。

① 色えんぴつの中で一番すきな色は？

② すきなごはんやおかずは？

おれさまからのしつもんだぜ！

ゾロリからのしつもん その①

①～⑩のしつもんにまずは答えてみよう。

③ そんけいする ゆうめい人は？

④ すきな 教科は？

⑤ すきな おやつは？

1 ともだちってなんだ？

⑥ きみの とくぎ？は

おなら！

⑦ 「ふわふわ」と 「すべすべ」なら どっちがすき？

⑧ お気に入りの 本は？

『かいけつ……』かな？

⑨ 『かいけつゾロリ』 の中ですきな キャラは？

もちろんゾ……

⑩ ゾロリの かっこいいと思う ところを教えて？

知りたい！

こんなふうに じこしょうかいでつかえるよ

「すきなもの」が答えられたら 「どこがすきか」も考えてみよう

おらおにぎりがすきだ いろんなあじがあって 食べるときワクワクするだ

というように「すきなもの」と 「どこがすきか」をいっしょに言えれば さらにいいね！
まずはすきなもの３つでやってみよう！

⑧⑨⑩って ゾロリが聞きたい だけじゃない？

1-3 自分のことを知ってもらおう

にがてなものもきみのいちぶ

こんどは、「にがてなもの」にもちゅうもくしてみよう。
「とくい」があれば「にがて」があるし
「すき」があれば「きらい」があるのは、ふつうのこと。
ただ、「にがて」をあいてにつたえるときには
ちゅういがひつようなんだ。たとえば……

アレルギーなどで
「できない」
「食べられない」
ときは、
ちゃんとつたえよう。

「おら、この花の色すきだあ。」
「おらはこの花きらいだ。」
「こんなにきれいな色なのに!?」

……と、あいてのすきなものを「きらい」と言うと
あいては、はらを立てたり、かなしい気もちに
なったりすることがあるんだ。
だから「きらい」とつたえる
ひつようがないなら、言わなくてもいい。
もし言うとしても、

「においがにがてなんだ。」

というように、「にがてなりゆう」をいっしょに話すといいよ！

「きらい」という言いかたより
「にがて」と言ったほうが
あいてをがっかり
させないわよ

ゾロリからのしつもん その②

①～⑧のしつもんに答えてみよう。

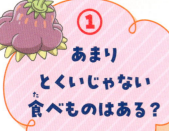

① あまりとくいじゃない食べものはある？

② ちょっとにがてな教科はある？

とつぜんナゾナゾ
1番が足で2番が手。これってなんのこと？

③ お医者さんから「やらないように」と言われていることはある？

④ くらいところやひとりでいるのはへいき？

⑤ ざわざわしてうるさいところはへいき？

⑥ たいせつにしていて人にさわられたくないものはある？

⑦ 言われたくないことばはある？

⑧ にがてなどうぶつはいる？

にがてをつたえるれんしゅうをしよう

「にがてなもの」を答えたら「にがてなりゆう」も考えよう。

「くらいところはにがてだよ」
「ころびそうになるからだよ」

のように言えるといいね。
さらに「だからいっしょに来てほしい」なんておねがいもできたらいいね！

こたえ：くつ（てぶくろ）

やってみよう！
じこしょうかいカードをつくろう

つぎのページのカードをコピーして書きこんで、ともだちとこうかんしてみよう。
自分のことを知ってもらえるし、あいてのこともよくわかるよ。
わからないしつもんは、おうちの人に聞いてみるといいよ。

ニヒニヒ じこしょうかいカード
下のくうらんをうめてともだちとカードをこうかんしよう。コピーしてつかってね。

- 名前： ノシシ
- たんじょうび： 　月　　日

- 自分をこうよんでほしい
  ノシシ
- すきな教科は？
  図工
- すきな食べものは？
  おにぎりとおいも！
- すきなあそびは？
  スッポコペッポコ みんなで歌うだ
- とくいなことはなに？
  絵をかくのとくいだよ
- すきな本やテレビ・動画は？
  ゾロリせんせが出てた ドラマ『おもいでばし』
- だいじにしているたからものは？
  ゾロリせんせにもらった インクセット
- しょうらいなにになりたい？
  ゾロリせんせのような人！
- さむ〜いおやじギャグを言ってね
  マスカットは　まースカッとする

なかよく しような

おらも 書いて みただ

おらのと こうかん するだ

ニヒニヒ じこしょうかいカード

下のくうらんをうめてともだちとカードをこうかんしよう。コピーしてつかってね。

名前

たんじょうび

月　　日

● **自分をこうよんでほしい**

● **すきな教科は?**

● **すきな食べものは?**

● **すきなあそびは?**

● **とくいなことはなに?**

● **すきな本やテレビ・動画は?**

● **だいじにしているたからものは?**

● **しょうらいなにになりたい?**

● **さむ～いおやじギャグを書いてね**

なかよく
しような

🚩 やってみよう！

じこしょうかいの れんしゅうをしよう

じこしょうかいカードが書けたら、じこしょうかいにちょうせんしてみよう。

おうちの人に聞いてもらったり
ひとりでやってみてもいいよ。
ともだちとカードをこうかんして
インタビューごっこを
するのも楽しいよ。

インタビューする人は、
「お気に入りのばしょは？」
「すきなおやつは？」というように、
35ページの
「じこしょうかいカード」の
青い文字を読んで
しつもんしてみよう。

あなたのこと
聞かせてください

ネコジマ
ディレクター

ドキドキしてきたら
「きんちょうしちゃった〜！」って
声に出してみるのもいいわ
わざと言うことで
かえってふるえがおさまったり
するんですって

36

> 1 ともだちってなんだ？

ゾロリ流！ じこしょうかいひっしょうほう

ネコジマディレクターが、ゾロリにインタビューして、きんちょうのほぐしかたを聞きだしてきたよ。

聞いてきました！

1 しっぱいをこわがらない！
「しっぱいしたらどうしよう……」と思うから、きんちょうしちゃうんだ。しっぱいしてもへいきだぜ！目立ったほうがとくだからな

2 なかよくなりたい人を見る！
きんちょうしそうなら「なかよくなりたい子」のほうをむいて話しちゃおう おれさまは、おひめさまのほうをむいちゃうぜ！

3 しゃべる前にしんこきゅう
大きく息をすいこむと、大きな声で話しやすくなるぞ がんばりすぎて、おならしないように気をつけろよ！

ウラワザ
スターになりきってみる
うまい人のまねをしてみるのもいいぞ おれさまのように「おやじギャグ」を言うのもいいぜ！

1-4 じょうずに聞いてもっとなかよく

古道具屋のおじいさんが、ひとりでぶつぶつ言っています。

「なんだったかのう……。」
手には「たから」と書かれた紙きれをにぎりしめています。

そこに通りかかったゾロリ。おじいさんに、
「こまってるならてつだおうか?」 と話しかけました。

「ありがとう。だいじなものをさがしてるんじゃ。」
と、おじいさんはたなの上をゆびさします。
「たなの上におたからがあるのか?」 と

ゾロリがのぼってみると、
たくさんの紙くずがありました。

「このおくに、あるんだな!?」

ゾロリは紙くずを
どかしてすてましたが、
おたからは見つかりません。

しばらくするとおじいさんが
「この本だなの後ろだったような……。」と言いました。
本だなの後ろはホコリだらけです。しかたなく
ゾロリたちがそうじをすると、古いラジオが出てきました。

「ラジオはあったけど、おたからは見つからないぞ。」

おじいさんはそれを見て、「これだこれだ。」と大よろこび。

そのとき、さらに紙きれがおちてきました。
あの「たから」の紙きれとつながりそうです。

たから｜なの上のゴミをすててら、本だなをどけて、じおをさがしてね。

「明日からばあさんと、ラジオたいそうをはじめるんじゃ。」
「おたからさがしが大そうじになっちまったぜ〜！」

なんでおじいさんがさがしているものが、わからなかったのかな？

1-4 じょうずに聞いてもっとなかよく

人の話は さいごまでよく聞こう

おじいさんはラジオをさがしていただけなのに、
ゾロリが「おたからだ〜」とかんちがいしたのは、
さいごまで話を聞いていなかったからだね。

「たから」じゃなかったのか

たからなの上のゴミをすててら、本だなをどけて、じおをさがしてね。

すれちがいやかんちがいをふせぐには、
「オウムがえしのじゅつ」をつかうのがおすすめだよ。

あいてが言っていることと
ほとんど、おなじまま
もういちどくりかえすことを
「オウムがえし」っていうのよ

オウムは人の声まねをするのがとくいなことから、
「オウムがえし」ということばができたんだよ。

1 ともだちってなんだ？

こうやってつかおう！ オウムがえしのじゅつ！

あいてのことばをくりかえしてしつもんすると、あいては「ちゃんと聞いてくれているな」とあんしんして、そのことをよりくわしく話してくれるよ。だから、さいごまで話が聞けるんだ。

38ページの場合は…？

「ありがとう。**だいじなもの**をさがしてるんじゃ。」
と、おじいさんはたなの上をゆびさします。

「たなの上におたからがあるのか？」と
ゾロリがのぼってみると、たくさんの紙くずがありました。

ココでつかおう

オウムがえしのじゅつ！

おじいさんは「**だいじなもの**」を
さがしているんだな？

そうなんじゃ！　ばあさんにたのまれた
ラジオをさがしておるんじゃ。

よく聞いてないと……

さらに オウムがえしのじゅつ！

そうか。「**ラジオ**」をさがしてるんだな？

ラジオたいそうをするのに、
ラジオがひつようなんじゃ。

（なるほど〜おたからじゃないんだな）

このときは、
「一生ブルルチョコを
せんでんする」って
やくそくさせられちゃっただ

オウムがえしのじゅつを
つかえば
ブルルにだまされることも
なかったのにな!!

**さいごまで聞かないと
あぶないよ！**

41

1-4 じょうずに聞いてもっとなかよく

あいづちをうってみよう

楽しくなって、ついついたくさん話したくなっちゃうような人を「聞きじょうず」というよ。

ゾロリはとっても聞きじょうず。そのコツは、あいての目を見てゆったりと話を聞くこと。そうすると話がにがてな人でも、おちついて話しやすいんだ。

あとは、「へ～！」「うんうん」「そうなんだー！」「なるほど！」など、あいてが話したことにおどろいたりわらったりすること。
「なるほど！」などのことばを、「あいづち」とよぶよ。
あいづちをうってもらえると
「ちゃんと聞いてくれているんだなあ」と思えて、
話しているほうも、楽しくなってくるんだ。

**あいづちはなにも言わずにうなずくだけでもいいんだ。
やってみてね。**

やってみよう！

1 ともだちってなんだ？

あいづちめいろ

分かれ道に来たら、どちらかのあいづちをえらんでみよう。
さいごまでつなげてゴールにたどりつけるかな。

スタート

1 聞いてほしいだよ。きのう、めずらしい
おにぎりを食べただ。

【ア】 なになに？

【イ】 きょうみ ないな

2 「ばくだんおにぎり」っていうだ！
名前を聞いてドキドキしただ……！

【ウ】 それで それで？

【エ】 だから？

……

3 大きくて、まっくろで、
・ぐがたくさん入ってる
おにぎりだっただよ！

【オ】 そうなんだ！

【カ】 みんな 知ってるよ

あなたなりのあいづちも考えてみましょう

……

……

ゴール

ニコニコ

1つでおなか いっぱいだよ！

答え 1-ア、2-ウ、3-オ

43

1-4 じょうずに聞いてもっとなかよく

おしゃべりは
キャッチボール？

こんどは、かわりばんこに話してみよう。
まずは、イシシとノシシにちょうせんしてもらおう。

　食べたいものはあるだか？

　　　　　　　　　あるだよ！　

　……（えーっと）

　　　　　　　……（えーっと）　

「はい」「いいえ」で答えられるしつもんは
会話のキャッチボールが1回でおわっちゃうね。
かわりばんこにつづけて話せると、あいてのことをもっと知れるし、
自分のこともわかってもらえるようになる。

**会話のキャッチボールを長くつづけるには、
話しかけるときに「聞いたりゆう」を、答えるときに「プラスのしつもん」を
つけくわえるようにするといいんだ。**

1 ともだちってなんだ？

もういちど、イシシとノシシにちょうせんしてもらおう。
※聞いたりゆう
※プラスのしつもん　だよ

１００円あるから、おやつを買いに行きたいだ。
食べたいものはあるだか？

あるだよ！　今は、チョコだなー。
ところでノシシはなにが食べたいだ？

おらは、おだんごだ。でも、チョコもいいだな。
イシシがえらぶとしたら、どうするだ？

まようだあ……でもじつは
おらも１００円もってるだ。ふたりで、
チョコとおだんごを１つずつ買って
分けあいっこするのはどうだ？

いいだな！　２しゅるい食べられて
今から、とくした気分だあ。

キャッチボールがうまくなるまでには時間がかかるわ！しっぱいしても気にせずたくさんお話をしてみてね

さいしょよりも、話がもりあがったよね。
こうやって、話をつなげていけるようになると
おしゃべりが楽しくなってくるよ。

やってみよう！ 「わだい」に合わせて「答え」をつなごう

「わだい」とは、おしゃべりしている人がつたえようとしていること。
おしゃべりをキャッチボールのようにつなげるには、
おなじ「わだい」でかえすとうまくいくよ。
まずは、「わだい」に合う「答え」がどれか、えらんでみよう。

1. つながりやすい「答え」はどれかな？

❶〜❸の「わだい」に合う答えを、ア〜ウからえらんで、線でつなごう。

❶ たこやきって たこが入っていて アツアツで おいしいよね
→ たこやきの あじのわだい

❷ たこやきの お店が 学校の前に できたんだよ
→ たこやき屋の ばしょのわだい

❸ たこやき屋の おじさんの おやじギャグが おもしろいよ
→ たこやき屋の おじさんのわだい

ア 本屋さんの となりだよね！

イ ゾロリさんより おもしろいの？

ウ ソースと青のりも はずせないよね

1 ともだちってなんだ？

「わだい」をかえたくなったら
「わだいをかえる合図」を出すといいの
「話はかわるけど」「そういえば」などのことばが
わだいをかえる合図にできるのよ

2.「わだい」を広げて会話をつなげよう

会話のキャッチボールをつなげるには、プラスのしつもんがだいじだったよね。
①②の（　）に入る、プラスのしつもんを ア～ウ から1つずつえらぼう。

もんだい

たこやきがすきなんだ

わたしもすき！
＋（　　①　　）

ア すきな人っている？　　イ 明日、学校でなにしてあそぶ？　　ウ どこのたこやき屋さんがすき？

もんだい

ゾロリさんっておもしろいよね

おもしろいっていえば……
＋（　　②　　）

ア 晴れとくもりどっちがすき？　　イ お気に入りのおやじギャグ、ある？　　ウ わたしの姉の名前はなんでしょう？

こたえ　1.①-ウ、②-ア、③-イ　2.①-ウ、②-イ

1-5 自分の気もちのつたえかた

「おいイシシ。」とゾロリが声をかけると
イシシは「！」と、びっくりして、そのあと、もじもじしはじめました。

ゾロリは、「なにごとか。」とイシシの顔をのぞいて、

「どうしてそんな
　かなしそうな顔をしているんだ？」
と聞くと、イシシは

「うう……おら、せつめいできないだよ。」
と、もごもご小声で答えます。

「そうか。今はどんな気もちなんだ？」
ゾロリは少しやさしく聞いてみます。

「と、とてもくるしいだ。でも、
　まんぞくもしてるだ。……それと、
　うまく言えないだ。うう。」
と、イシシはまだくるしそう。

1 ともだちってなんだ？

「ははーん、わかったぜ。おれさまへのプレゼントを
　かくしてるんだろう？　出していいぜ！」
とゾロリ。

しかしイシシは **「うう……ぜんぜんちがうだ。」** と首をふります。
「ん〜、さっぱりわからん。ノシシもどっかに行っちゃうし。
　こまったなあ。」
すると、ノシシが
「イシシ！　早くこれを！」 と、
水をもってくるとイシシはいきおいよく
ゴクゴクのみます。

**「ぷっはー‼　たすかっただ。
　おいもの一気食いはくるしかっただー！
　でも、おなかいっぱいで、まんぞくだよ。
　あ……せんせ、ノシシ。ないしょで
　おいも食べちゃってごめんなさいだ。」**

「しんぱいしてそんした〜‼‼」

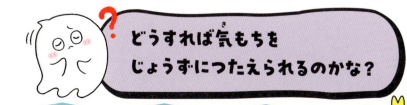

どうすれば気もちを
じょうずにつたえられるのかな？

1-5 自分の気もちのつたえかた

今の気分はうれしい？　かなしい？

言いたいことがたくさんあると、
あせって、うまく話せなくなることがあるよ。
そんなときはまず、「今はどんな気もち？」と、自分に聞いてみよう。
「うれしい」「楽しい」「かなしい」「くやしい」など、
気もちをあらわすことばが思いうかんだかな？
いくつか思いうかんだら、一番そう思うものを1つだけえらぼう。
さらにその「気もち」がどのくらいかも考えてみよう。

「気もち」は
1しゅるいずつ
つたえると
わかりやすいのよ

イシシは、
「おいもがおいしくてまんぞく」なことと
「のどにつまって、くるしい」ことをいっしょに言ったから、
ゾロリがかんちがいしちゃったけれど……
「おら、今とっても、くるしいだ」
と、はじめにつたえるとよかったんだ。
水をのんで、スッキリしてから、
「だまっておいもを食べちゃって
ごめんね？」という話を
すると、わかりやすいね。

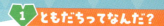

気もちをあらわす「ことば」をつかってみよう

「いいかんじ」「いやなかんじ」のグループに分けて、気もちに合った「ことば」をつかおう。

どのくらい？ をあらわす「ことば」もおぼえよう

「**すごく**おいしいです」というように、どれくらいかをつけて言おう。

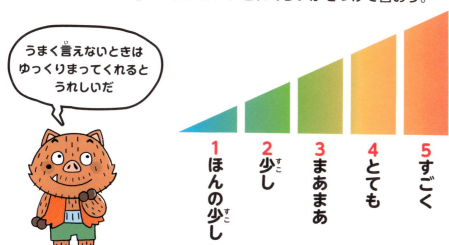

1-5 自分の気もちのつたえかた

あいてを思って つたえよう

話をするときは、「あいてから見たら、どうかな？」と考えてからことばにするといいよ。

たとえば、下の絵を見てみよう。

ノシシから「お茶屋さんはどっちですか？」と聞かれたら「ノシシから見て右にあります」と答えるといいんだ。

右　左

お茶屋さんはどっちだか？

ノシシ

お茶屋

ノシシから見て右に行くといいだよ

イシシ

なにかをせつめいするときは話すあいてにとってわかりやすいようにことばをえらぶのがポイントよ

1 ともだちってなんだ？

たとえば、おうちの人が知っているともだちをせつめいするときは、名前のほうがわかりやすいね。

ネリー
まほうつかいのみならいだよ

わかりやすい
「ネリーちゃんのことだけど……」

「ネリーちゃんがどうしたって？」

※おうちの人が知らないときは「まほうつかいみならいの女の子」と言うといいね。

わかりにくい
「ぼうしをかぶったトゲトゲの女の子が……」

「えーっと……？」

やってみよう！ スリーヒントクイズ

なにかの名前を書いたカードを、ひとり10まいずつつくろう。
よくまぜて、おなじまいすうずつカードをもったらスタート！
カードに書いたものの「名前」は言わないで、ヒントを3つ言って当てっこしよう。

| スイカ | リンゴ | おいも | メロン | ゾロリせんせい | おばけ |
| テレビ | チョコ | こおり | ふとん |

「茶色」
「あまいおかし」
「口の中でとけるだ！」
クイズを出す人

チョコ

「チョコ！」
答える人

ともだち へやわけ パズル

数字のついたマスに、ゾロリ、イシシ、ノシシ、原ゆたかをそれぞれ2回ずつ入れよう。タテのれつ、ヨコのれつ、赤い点線でかこまれた4マスには、おなじ人は入らないよ。

①のタテのれつを見ていないのはだれかしら？

ヒント
まずは入るものがきまるところをさがそう
①③⑥⑧はどうかな？
それぞれ入るものがわかると、つぎに入れられるところがわかるはず

チェックしながら考えていこう

答え
①原ゆたか ②ノシシ
③原ゆたか ④イシシ ⑤ゾロリ
⑥ゾロリ ⑦イシシ ⑧ゾロリ

❤2 ともだちと なかよくなろう

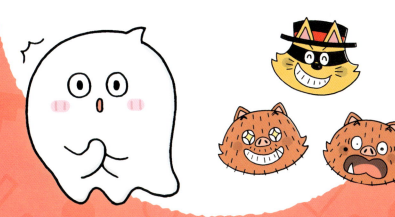

どうしたら、おしゃべりがつづくかな？
けんかしちゃったらどうしよう……。
ともだちと、もっとなかよくなるほうほうを
マスターしよう。

2-1 やくそくはまもろう

「おいおい、『海でまってるわ！』って言っていたのに
ネリーちゃんは来てないぜ。どういうことだ？」

朝早く、ゾロリたちは海に来ていました。
ネリーと、まちあわせをしたようです。

「ゾロリせんせ、まちあわせ時間は合ってるだか？」

「えーっと……あれ？　聞いてないぞ。
　　　でも『おひやにクルミをもってきてね。』って、
　　　言ってたはずだぞ。」

「おひやって、つめたい水の
　　　ことだな！」

3人はすいとうの
つめたい水をのんで、
ネリーをまちました。

2 ともだちと なかよくなろう

しかし、ゾロリたちはとても早おきしたので
「うーん、ネリーちゃんはまだかなあ……ぐうぐう。」
と、うっかりねむってしまいました。

いっぽう、ネリーは……

「ゾロリさんたち、おそいわね。
うちでまってるわって言ったのに、
もしかして、道にまよっちゃったのかしら。
それにお昼にミルクをもってきてって
たのんだのに。ミルクがないと
ケーキがつくれないわ。」

その日の夕方、
「いてて、クルミの上でねちゃった。」と
目をさましたひょうしに、ゾロリはやくそくを思いだしました。
「そうだ!! 〈ネリーちゃんの家に、お昼にミルク〉だったぜ!!」
つぎの日、ゾロリがあやまりに行くと、ネリーは
「あはは! 海に行っちゃったんだ。しょうがないわね。」
と、わらってゆるしてくれました。

どうしたらやくそくを
まもれるのかな?

2-1 やくそくはまもろう

やくそくのしかた

ネリーは「うちでまってるわ」「お昼にミルクをもってきてね」
と言ったのだけど
ゾロリは「海でまってるわ」「おひやにクルミをもってきてね」と、
かんちがいしていたよね。

それは、**やくそくが、うまくできていなかったから**なんだ。
「やくそく」とは、だれかとなにかをする前に
かくにんしたり、きめたりすること。

ゾロリもネリーも、いつ、どこで、なにをするのかを
ことばや文字にしてかくにんしていたら、
かんちがいせずにすんだはずだよ。

2 ともだちと なかよくなろう

やくそくをしてみよう

下の4つをかくにんしながら、やくそくシートを書いてみよう。

① 「いつ」「どこで」「なにをするか（あそびでもべんきょうでもOK）」をきめよう。
② その日、その時間にほかの「ようじ」がないか、かくにんしよう。
　ならいごとや、おうちの人とのやくそくなどはないかな？
③ もっていくものはないかな？
④ そのばしょは、きゅうに行ってもつかえるのかな？　ともだちの家であそぶときは、おうちの人に聞こう。

①～④をかくにんしたらシートに書いてみよう　　コピーしてつかおう

〈やくそくシート〉

さんかする人の名前

いつ？　　　月　　日　　時～　　時　　　　**どこで？**

なにをやる？

ほかにようじがある人はいない？　　　　**もちもの**
　　いない　／　いる

おうちの人にかくにんして もらってサインをもらおう [　　　　]

やくそくがきまったら
やくそくシートをもう1まいつくって
あいてにわたしましょう
これで「かくにん」ができるわ

2-1 やくそくはまもろう
よていがかわったら？

「よてい」とは、あらかじめきめていた「やること」のことだよ。やくそくも「よてい」のひとつ。でも、かぜをひいたり、ほかのようじができたりして「よてい」がかわり、やくそくをまもれなくなることもあるよ。
そんなときは、まずあいてに「れんらく」しよう。

たとえば、ケーキをつくるやくそくをしていた日におなかがいたくなっちゃったら
「きゅうにおなかがいたくなっちゃったんだ。わるいけどケーキづくりは、べつの日にできるかな？」
というふうに、言うといいよ。

ちこくしそうなときも、まずはれんらくがだいじ。
「うっかりねぼうしちゃったんだ ごめんね。今から行ってもだいじょうぶかな？」
のように、れんらくして、そうだんしてみよう。

※電話でれんらくするときはおうちの人にそうだんしてね。

れんらくしないと、どうなっちゃうの？

だまってやくそくをやぶっちゃうと、
あいては、じこにあったのかも？　って、しんぱいしたり、
むしされたかも、と思ったりして、
いやな気もちになったりするよ。

だから、早く、きちんとれんらくをしよう。
そうすれば、あいてもいやな思いをせずにすむよ。

ことわりたいやくそくは、どうれんらくすればいい？

本当はしたくないのに、
むりにしてしまった「やくそく」は、
おうちの人や近くのおとなにそうだんしてみてね。

「あのときはいいよって言ったけど、ごめんね。
おことわりしていいかな？」
と、ゆうきをもってあいてに言えるといいよ。

やくそくは「ぜったい」じゃないから
かわることもあるわよ

2-2 つかう「ことば」をだいじにしよう

いつもじしんまんまんなはずのガオン。なぜだか元気がありません。ガオンの頭の上にはインコのロボットがいて、

「ガオンのママは、ガオンのことがすきじゃナイ♪」 と、ニヤニヤ。

ガオンは「わたしの発明したコイツが、いやなことばかり言うんだ、もう、なにもする気がおきない……。」とげんなり。

「わる口ロボだか？」「口をふさぐか？」
イシシとノシシが近づきますが、インコロボのわる口は止まりません。

「はなのあなが、かたほう大きい
**　それってへんだヨネ～!!」**

インコロボのことばに、ふたりは
「これって、へんだったんだか……？」
と、しょんぼりしてしまいました。

ゾロリが「『ちくちく』することばよりも
元気が出る『ふわふわことば』をしゃべるように
発明しなおしてやるぜ！」

と、インコロボをかいぞうしました。すると……

「ガオンのママは、
　ガオンのことをだいじに思ってるヨ。」
「はなのあなも、こせいてきであってるネ。」

と、インコロボがはげましてくれるようになりました。

ガオンも、イシシとノシシも、えがおです。

「ふん、わたしの発明品をかってにいじって……。
　まあこれで、たびに出られるよ。じゃあな！」

ガオンは、あいかわらずの
にくまれ口です。
すると インコロボが言いました。

「ガオンはゾロリに
　かんしゃしてるヨー！」

言いかたによっておちこんだり、
元気が出たりするのはどうして？

2-2 つかう「ことば」をだいじにしよう

「ちくちくことば」に ちゅういしよう

62ページで、インコロボのことばを聞いて、ガオンがしょんぼりしてしまったね。それは、**インコロボのことばが、「ちくちくことば」だったから**なんだ。

「ちくちくことば」は、**言われた人の心をきずつけることばのこと。**
そのつもりじゃなくても、
おこっているように聞こえたり
せめているように、聞こえることばも
心にちくっとくる、ちくちくことば。

**どんなことばが「ちくちく」するのかを知って
つかってしまわないように、気をつけよう。**

見た目や体のことなど
かえようがないことも
ちくちくことばの
ひとつなのよ

はなのあなが
かたほう大きい
それって
へんだヨネ〜!!

こんなことばが「ちくちくことば」

こんなちくちくことばは、つかわないように気をつけよう。

ダメだしのことば
- ダサい
- かわいくない、かっこよくない
- いみわからない

からかいことば
- うざい
- きもい（気もちわるい）
- ザコ

なかまはずれにすることば
- あっち行け、入ってくんな
- ともだちやめる
- きえろ

人のけってんを言うことば
- バカ、アホ、ドジ
- 見た目のわる口（デブ、チビ）
- くらい

口ぐせになっている人もいるみたいだから気をつけようナ！

からかうつもりやじょうだんのつもりでも、言われた人はかなしくなったり、おこったりする。ちくちくことばは人をきずつけるよ。

2-2 つかう「ことば」をだいじにしよう

「ふわふわことば」を つかってみよう

ちくちくことばとはんたいで、言われたら うれしくなることばが、「ふわふわことば」だよ。

がんばったことや、
自分がすきなものをほめてもらえたり、
しっぱいしちゃったときに、
はげましてもらえたりすると
むねがあたたかくなって
元気がわいてくるんだ。

「ふわふわことば」をつかうと
あいてがよろこんでくれる。
そうすると、自分もうれしくなるんだよ。

**「いいね」「すてきだな」と思ったら、
どんどんつたえてみよう。**

こんなことばが「ふわふわことば」

きみの気もちに合わせて、つかってみよう。

かんしゃのことば
- ありがとう
- サンキュー
- たすかる〜！
- うれしい！

おうえんのことば
- がんばって！
- だいじょうぶ！
- ドンマイ、気にしないで！

ほめることば
- じょうずだね
- ナイス！
- すごいね
- かわいい、かっこいい

いいね！ とみとめることば
- すてきだね
- これすき！
- よかった
- おもしろい

ほめることばや いいね！ とみとめることばは「元気に歌えていて とてもすてきだったよ」のように すてきな点もつたえられると もっとよろこばれるわ

言われてうれしかったことばも おぼえておくと、ふわふわことばを ふやすことができるよ。

2-2 つかう「ことば」をだいじにしよう

にがてなことも、いいところになる!?
「言いかえ」にちょうせんしよう

ちくちくことばをつかわずに、ふわふわことばをつかうと
どんどん楽しくなってくるのは、わかったかな？
おなじように、**自分が「にがてだな」と思っている
ことを、ふわふわことばに言いかえてみよう。**

たとえば、だれかを「うるさい」と思ったら
「元気がいいね」と言いかえてみるんだ。
なんだか「いいところ」のようにかんじるね。

**「いいところ」と「わるいところ」は、
人や、見かたによって、かわってくるもの。**
わるいように考えるより、いいところをさがしたほうが、
気もちも明るくなるかもね。

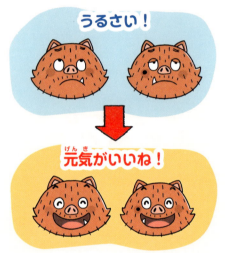

ゾロリちゃんたちのように
「いいところ」を
見つけられる人は
「ポジティブな人」って
言われるのよ

ものは
言いようって
ことダナ

「ふわふわことば」に言いかえてみよう

ちくっときそうなことばも、見(み)かたをかえればふわふわことばにできるんだ。

🐱 ちくちく		🐱 ふわふわ
あわてんぼう	➡	こうどうが早(はや)い
ぐずぐずしている	➡	マイペース
がんこ	➡	まじめ
いばりんぼう	➡	どうどうとしている
えらそう	➡	たよりになる
くそまじめ	➡	ぎょうぎがいい
ふざけている	➡	楽(たの)しい
おくびょう	➡	しんちょう
話(はなし)がへた	➡	聞(き)くのがじょうず
口(くち)がかるい	➡	正直(しょうじき)
しつこい	➡	がんばりやさん
うるさい	➡	元気(げんき)いっぱい
むくち	➡	おちついている
せこい	➡	しっかりしている
わすれっぽい	➡	おおらか
かわっている	➡	こせいてき
だまされやすい	➡	すなお

ゾロリせんせは こせいてきで 楽(たの)しいだ

イシシ、ノシシは おおらかで すなお

やってみよう！
ふわふわことばにしてみよう

❶〜❻で思わず出ちゃった「ちくちくことば」を「ふわふわことば」にかえてみよう。
ア〜カを1つずつつかって、（　）に入ることばをえらんでね。

ア ひとりで だいじょうぶだよ

イ こせいてきで おもしろいね

ウ はじめて食べる あじだね

エ みんないっしょで 楽しいね

オ ドンマイ！ 気にしないで

カ すてきな 人なんだね

❶ ともだちとテントにとまったよ
「せまいね……」
ふわふわことばに
（　　　　　　　）

❷ ともだちの手づくりりょうりを食べて
ステーキ ちくわ インスタントラーメンにこみ
「ぜんぜんおいしくないな！」
ふわふわことばに
（　　　　　　　）

2 ともだちと なかよくなろう

③ はりきってパーティに来た ともだちのかっこうを見て

「へんなの！」

ふわふわことばに
(　　　　　　　　)

④ スポーツで ミスしてしまった人に

当たっちゃっただ

「へたくそ〜」

ふわふわことばに
(　　　　　　　　)

⑤ そうじ中に 「てつだおうか」と言われて

「ほっといてー！」

ふわふわことばに
(　　　　　　　　)

⑥ ともだちの すきなげいのう人を聞いて

「えー？　どこがいいの？」

ふわふわことばに
(　　　　　　　　)

ことばにする前に、ちょっとだけ考えてから口に出そう。
そのときに、あいての気もちになってみるといいよ。

答え　1-エ、2-ウ、3-イ、4-ケ、5-ア、6-オ　ながすすめだよ。

2-3 けんかと なかなおり

イシシとノシシが、なにやら言いあっています。

「お兄さんだからって、いっつもちょっとズルいだ。」
「ええ？ ノシシこそ、いいとこどりしすぎだよ。」
「このあいだメロンパンを、おらより多く食べただ！」

「メロンパンは大こうぶつだけど……。
　ノシシこそ、おにぎりをおらより多く食べただ。」
「おにぎりは、おなじくらいだっただ。」
「じゃあ、メロンパンもおなじくらいだっただ～！」

それを見ていたゾロリは

「これじゃあ、売りことばに
　買いことばだぜ。
　よし、イシシ、ノシシ、
　しつもんに答えてくれ。」

2 ともだちと なかよくなろう

「ノシシにしつもん。イシシのすきなものはなんだ？」
「イシシはメロンパンが大こうぶつだよ。」

「じゃあ、もしイシシになって、
　メロンパンをはんぶんあげなきゃいけないとしたら、どうする？」

「う〜ん、とてもなやむだ〜。」
そのとき、イシシ、ノシシは
「はっ！」としました。

「イシシはそれでもはんぶん
　　くれただ。」

「ノシシもはんぶんくれただよ。」

「そう、おまえたちはふたりとも、にたものどうしだ。
　さあ、ばんごはんをさがしに行くぞ。」

「ああ〜！ おなかが
　すいてたんだった〜。」

3人はおなかをぐーぐー鳴らしながら、
歩きだしました。

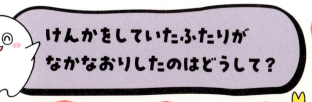

けんかをしていたふたりが
なかなおりしたのはどうして？

73

2-3 けんかとなかなおり

いかりの心のしずめかた

けんかをすると、カッとして大声を出したくなっちゃう。
自分がわるくないときは、よけいそうだよね。
さらに、カッカしているときは、
ちくちくことばばかり、出てきてしまう。
それでは、あいてはもっとおこるし、
言った自分もカッカするばかりで、
いいことがないよ。

やれやれ

ズルいだよー！

いかりがばくはつすると
いかりの気もちが強くなっちゃうの
ふりまわされないように
しずめかたをおぼえましょう

もんくを言いたい気もちは
止められないけれど、
ドカーンとばくはつするのは、
おさえられる。

まずは、おたがい、いかりの気もちをおちつけて、
きずつけあわないようにするのがだいじだよ。

いかりの心がばくはつしそうになったら

① その場からはなれる

目の前にあいてがいると、
いかりの心がおさまりにくいよ。
その場からはなれたり、
目をとじたりしてみよう。

② はなからしんこきゅう

カッとしているときは、
息をするのがはやくなっているよ。
ちくちくことばが出ないように口をとじて、
はなでゆっくりしんこきゅうしよう。

すぅぅぅ……

③ 10まで数える

しんこきゅうに合わせて、心の中で
「いーち、にー、さーん……」と10まで数えよう。
いかりの心は、時間がたつとしぜんとおさまるよ。

④ おちつく「ことば」を心でくりかえす

「ふかふかのふとん」
「きれいな星空」など
気もちがおちつくような
ことをそうぞうしてみよう。

とっておきの
おやじギャグを
思いだして
ぷぷっとわらっても
いいかもな

2-3 けんかとなかなおり

なかなおりは自分から

けんかしたあとは、おたがいに
ぎくしゃくして
目も合わせなくなっちゃったりするよね。
「あいてがあやまるまで、あやまらないぞ」
と、思ってしまうこともあるかも……。

ゾロリ
きさまー！

でも、そのままでいると、
あいてが近くに来ただけで
ドキドキ、そわそわして、つかれてしまうし、
楽しいことがあっても、楽しめなくなってしまうよ。

**「なかなおりしたい」という気もちがあるなら
自分から切りだすほうが、
きっと、スッキリするよ。**

気もちが
どんよりしているのは
あいてもきっとおなじ
もともと
なかよしどうしなら
なかなおりもできるはずよ

⚠️

つぎのページのなかなおりは
自分がわるいと思ったときや、
ともだちにも自分にも、
わるいところがあったときの
やりかただよ。
そうじゃない場合は、
78ページを見てね。

なかなおりするには こうしよう

❶ あいてのいいところを思いだそう

いっしょにあそんで楽しかったことや、
たすけてもらったことなどを思いだそう。
「なかなおりしたいな」という気もちがわいてくるよ。

❷ あいてがひとりでいるときに話しかけよう

みんながいると、てれくさくなってしまうことがあるよ。
ゆっくり話せそうなタイミングで話しかけよう。

❸ まず「なかなおりしよう」と言おう

あいてが「またけんかかな？」と、身がまえてしまわないように
さいしょに言いたいことをつたえよう。

❹ 言いわけせずにつたえたいことを言おう

自分がわるいと思っていたら、「ごめんなさい」とすなおに言おう。

❺ みらいのことを話そう

「おなじことをくりかえさないように気をつけるね」とか
「なかなおりして、いっしょにあそびたい」
など、この先のことを話そう。

「せいい」を見せると
いいらしいだ
どこにあるだ……？

あやまるとき
頭を下げるから
頭の上だかね？

※「せいい」とは、ウソがない本当の心のこと。まごころのことだよ。

2-3 けんかとなかなおり

ふまんがあったら言っていい

「ちくちくことば」は、言わないのがいいけれど、
「いやなことをされてもがまんしよう」ということじゃないよ。

言わないでいると
もやもやしちゃうよ

もや……もや……

いじわるをされたときや、からかわれたときなどは、
かなしくなってしまうよね。そんなときは、
ゆうきを出して「いやだよ」と言おう。

このとき、あいてをせめるような言いかただと、
けんかになりやすいから、気をつけよう。
「わたしは、やっていないよ」
「わたしは、かなしいよ」
というように、自分がどう思うかをつたえよう。

それでも、聞いてもらえないときは
その人からはなれよう。むりしてなかよくしなくてもいい。

ともだちではない、おとなやこわそうな人のときは
だまってはなれていいよ。
そのあと、近くの先生や、あんしんできるおとなに
「いやなことがあったよ」とつたえてね。

まずはおちついて
言いたいことを
せいりしてね

こういうことをされたら、すぐにそうだんしよう！

いじわるされた
- なかまはずれにされた
- たたかれた
- わる口を言われた
- むしされた

ものをとられた
- かしたらかえってこなかった
- かってにとられた
- ものをこわされた

めいれいされた
- やりたくないことをむりやりやらされた
- 大声でおどされた

つきまとわれた
- 体にさわられた
- しゃしんをとられた
- 家についてこられた

わるいさそいをうけた
- ズルをしたり、ほかの子をいじめようと言われた
- てつだえば、お金がふえると言われた

イヌダタクジけいぶからのちゅうい

「ここだけの話」「タダでもらえる」なんていうのは、だいたいウソだから気をつけるんだ！

2-3 けんかとなかなおり

「ちがう」いけんも言っていい

けんかをしたいわけじゃないけれど、いけんがちがうことってあるよね。
ボールあそびをするときに、サッカーをしたい人もいれば、
バスケットボールをしたい人もいる。
いけんがちがうのは、あたりまえのことなんだ。
だから、いけんがちがうときは、きちんと言ったほうがいい。

ちがういけんを言うと、あいてに「ダメだ」と
言っていると、かんじるかもしれないね。
でも、そんなことはないよ。
きみが、はんたいのいけんを
言われたときも、きずつかなくていい。
いけんがちがうだけで、
きみが「ダメだ」と言われたわけじゃないんだ。

おたがいの「いけん」を出しあって、
話をまとめられると、もっと楽しくなるよ。

はんたいのいけんは「ちくちくことば」になりやすいから「ふわふわことば」をじょうずにつかってつたえるといいわ

2 ともだちと なかよくなろう

「ちがう」いけん をつたえるときは？

たとえば：「サッカーであそぼう」という人がいるときに「バスケットボールがいいな」とつたえるときは……

1 あいてのいけんの、いいところを言う

> おおぜいあつまったから
> サッカーしたら楽しいね

2 自分のいけんを言う

> でも、バスケットコートが
> あいているから
> 今日はバスケットはどうかな？

※理由があるときは「公園は人がいっぱいでサッカーができなそうだから……」とつけくわえてもいいよ。

まず、あいてのいけんを
みとめてから
自分のいけんを言うと
あいてにつたわりやすいよ。

> どっちも
> いやなときは
> どうするだ？

> そんなときは
> 「今日は気のりしないから
> やめとくぜ」って
> ことわるかなー？

2-4 ひとりの時間もたいせつにしよう

「おらたちが食べものをさがしてくるだ。」
「ゾロリせんせは、ゆっくりまってるといいだ。」

そう言って山に出かけたイシシとノシシ。
しばらくは帰って来なそうです。
のこされたゾロリは、ひとりねころびました。
いつもはにぎやかなたびですが、今は山の虫の音も聞こえてきます。

フワリンが、「ゾロリさんはひとりでなにをするのかな？」
と見ていると

「よーし、ふたりが帰ってくるまで
　おやじギャグを100こ考えるぜ。」

「あさりがアッサリとれた
　草がくさい、
　クマがくまった……。」

と、おやじギャグをれんぱつ！
フワリンは、ちょっぴりさむくなってきました。

「パインがいっぱいん、バラがバラバラ……。
　ふー！ あと1つで100こだ。
　けど、あれれ？　ギャグが思いうかばないぞ……。」

ゾロリがなやんでいると、
遠くから声が聞こえてきました。

「せんせ〜！
　リンゴを見つけただよ〜！」

イシシ、ノシシが
食べものを見つけたようです。

それを聞いたゾロリは
「ピンときた！
　たくさんとれて
　リンゴがたっぷリンゴ〜！」

ゾロリは体をおこして、ガッツポーズをとりました。

ひとりでいても
楽しそうなのは、なぜ？

2-4 ひとりの時間もたいせつにしよう

ひとりの時間を楽しもう

ともだちとあそぶのも楽しいけれど、ひとりになりたいときもあるよね。それって、だいじなことなんだ。本を読むときや、手紙を書くとき、絵をかいたり、うんどうするときも、ひとりのほうが、やりやすかったりうまくいくこともあるんだ。

ひとりでのんびりしたいとき

おちこんでいるときや、つかれちゃったときも、ひとりですごしたくなるかもしれない。
そんなとき、ひとり時間をじょうずにつかえばいい気分てんかんになるよ。

だれにでも
ひとりの時間が
ひつようなときはあるのよ

学校にどうしても行きたくないときや、教室に行きたくないときは、おうちの人や、先生にそうだんしてみよう。
学校に毎日行くのも楽しいけれど、休むひつようがあるときも、あるんだよ。

2 ともだちと なかよくなろう

おすすめ！ひとり時間のつかいかた

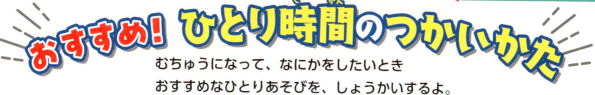

むちゅうになって、なにかをしたいとき
おすすめなひとりあそびを、しょうかいするよ。

本を読んでみよう

すきだった本や図書館で見つけた
おもしろそうな本を読んでみよう。
知らないことばをしらべながら
読むのも楽しいよ。

ありもの工作をしよう

あまっているティッシュのはこなどを
切ってはって、工作をしてみよう。
すてきなお城をつくってもいいね！

絵をかいてみよう

自分のおもちゃや、家にあるものを
見ながらかいてみよう。
「こんな形だったんだ」って、
はっけんもあって、楽しいんだ。

ひみつのとっくん

うんどうや、がっきのうでをみがくには、
ひみつのとっくんがおすすめ。
しっぱいしても見られていないから
コツコツれんしゅうできるよ！

おやじギャグを考えよう

目についた「ことば」から、
おやじギャグをつくるんだ。
リンゴなら、「リンゴがおぼれて
アップルアップル」。
思いついたらすぐ言うのがコツ。

いたずらに
おやじギャグ……
おれさまはひとりでも
やることいっぱいだぜ

2-4 ひとりの時間もたいせつにしよう

「自分とお話し」してみよう

とくにりゆうがないけれど、**なんだかもやもやして
やる気が出ないときは、「ことばにできていないこと」**があるからかも。
そんなときは、**ひとりになって「自分とお話し」してみる**といいよ。

まずは、思いっきり自分をほめてあげよう。
「かっこいい！」「すてき」「イケてる！」
心の中で自分をほめると、もやもやが
少しかるくなって、ことばにしやすくなるよ。

十分ほめたら、こんどは**気になっていることを
どんどんメモに書きだしてみよう。
そのメモを見て、「自分でかいけつできること」と
「自分でかいけつできないこと」に分けてみよう。**

かいけつできないことは、丸めてポイッとすててしまおう。
かいけつできることは、どうするとかいけつに近づくか書いてみよう。
するとだんだん、気分がスッキリしてくるはずだよ。

おれさま
天才！

メモの書きかたはつぎのページを見てみよう

もやもやメモの書きかたとつかいかた

もやもやしたできごとや、気になっていることを
メモに書きだして、自分でかいけつできるかどうか考えてみよう。

自分でかいけつできない

- 限定のおもちゃを買うためにならんでいたら、自分の前で売りきれた。とてもざんねんだった。
- せがひくいとからかわれた。くやしい気もちになった。

イライラしてもしかたないのでポイッとすてよう

自分でかいけつできる

- おやつが少し小さかった。もっとおやつが食べたい。
- わすれものをしてしかられた。しょんぼりした気もちになった。

↓

- 明日はもう少しおやつをふやしてと言ってみよう。
- わすれものをしないように、前もってじゅんびしよう。

このように「前のこと」と「ほかの人のこと」はかいけつできないけれど、
「これから先のこと」と、「自分のこと」はかいけつできるんだ。

たとえば、いじわるを言われたときは、「いじわるを言われた」という
「前のこと」はもうどうすることもできないけれど、
きみがこの先、それを気にするか、気にしないかは自分できめられる。
また、しっぱいをしたとしても、
しっぱいしないやりかたを考えればいいよね。

**みらいをどう楽しくするのかは、
きみのくふうしだいってことだよ。**

すぎたことより先のことを考えてみましょうね

2-5 きょうそうあいてとつきあうには

ゾロリが町を歩いていると、
むこうから、見おぼえのある人がやってきます。

「げっ、ビート！　めんどうなことになりそうだな……。」
とゾロリが思っていると、ビートが前に立ちはだかりました。

「まてゾロリ！　またわるさをするつもりか？
　この町のへいわは、おれがまもる！」

ビートのアツいセリフに、ゾロリもうんざり顔です。

「おれさま、まだなにもわるいことしてないぜ。」
そう言うゾロリに、ビートがきゅうにおこりだしました。

「おれは、ゾロリのふまじめなところが頭にくるんだ。」

「おれさまはいつだって、まじめにふまじめだぜ！」
ゾロリも言いかえします。

2 ともだちと なかよくなろう

「まあいい、おれさまはここの
"超デカもりカレーチャレンジ"に来たんだ。じゃますんな。」
「ふん、おれのほうが先に食べきってやる。」

「うおおおおおおおおおお！」

ふたりはデカもりのカレーを
ガツガツと食べすすめます。
きれいに食べおえたのは
なんと同時。

おなかが、
はちきれんばかりに
ふくれたふたりは

「お……おれさまはまだいけるぜ（ビートも、さすがだぜ……）。」

「ふん！た、たいしたことないな（やるなぁ、ゾロリ……）。」

と強がりを言いながら心の中でおたがいを
ほんの少しそんけいしていました。

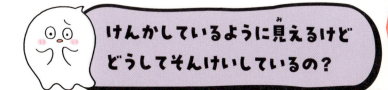
けんかしているように見えるけど
どうしてそんけいしているの？

2-5 きょうそうあいてとつきあうには

「そんけいできるところ」を
さがしてみよう

学校などの人が多いところでは
いろんなせいかくの人がいて、おなじ人はひとりもいない。
考えかたがちがうから、気の合うともだちもいるし、合わない人もいる。

そんな中でもきみが**「まけたくないな」と思う人**はいないかな？
もしかしたらその人は、**きみの「きょうそうあいて」かもしれないよ。**

けんかしていたゾロリとビートは、
おなじ「カレーチャレンジ」に
ちょうせんして、
すごくがんばっていたよね。

**それはおたがいが「まけたくない」と思う
「きょうそうあいて」だったから。**

「きょうそうあいて」と思う人には、きみとにているところや、
おなじところがあるかもしれない。
そんけいできるところも、あるはずだよ。

2 ともだちと なかよくなろう

なんでも言いあえる、
ともだちとは少しちがうけど
きょうそうしあえるあいても、
なかまの形のひとつ。

「まけたくないな……」と思ったら、
「そんけいできるところ」を
思いだしてみよう。
いろんな人といっしょにすごすことで、
きみもぐんぐん強くなれるんだよ。

そんけいするところって？

「そんけい」とは、その人のいいところをみとめること。
リスペクトとも言われているよ。
きみができないことができたり、いいねと思うところや
すごいと思うところはないかな？

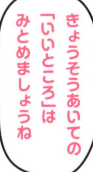

きょうそうあいての
「いいところ」は
みとめましょうね

- 自分ができない ことができる
- すごいところ
- いいねと 思うところ

ゾロリは
いつもふざけてるけど
やるときはやるんだよな

ビートは
あれこれうるさいけど
いつだって本気なやつだぜ

91

⭐ もうだいじょうぶ ともだちづくり

明日は、ようかい学校のじゅぎょうがはじまる日。
フワリンはゾロリについていって、
ともだちづくりについて学んだけれど、
ドキドキが止まりません。

そこでフワリンは、
「先生」のゾロリにそうだんしようと、
おそるおそる、すがたをあらわしました。

「こ、こんにちは！」

ゾロリはびっくりしたようすで

「わっ！ おばけ？
　……なーんてな。
本当は
少し前から
けはいを
かんじていたぜ。
きみの名前は？」

「……ぼくの名前はフワリンです。」
と、フワリンは答えます。

「おれさまはゾロリ！　よろしくなフワリン。
　ところで、なんでついてきていたんだい？」

「じつは……明日から、ようかい学校に行くんだ。
　……でも、ともだちができるかなってしんぱいで
　……ともだちを知るために
　ゾロリ先生についていってたの。
　でもまだ、ドキドキしてるんだ……。」

フワリンは、いっしょうけんめい答えます。

「なるほど、わかったぜ！
　おれさまを見て学んだのなら、だいじょうぶだ。
　そのしょうこに、あいさつも、じこしょうかいも、
　できたじゃないか！」

「ほんと？　うれしいな！」

「あとは学校で、みんなにすきなことや
　とくいわざを見せられると、いいかもな！」

ゾロリがそう言うと、フワリンは
「それじゃあ、これはどう……？」と言って……

「ほんもののぼくは、ひとりだけ。どこだかわかる？」
「すごい！　ぶんしんのじゅつだ！」

ゾロリたちは、フワリンといっしょにあそびはじめました。

きみは、ほんもののフワリンが
どこにいるか、わかるかな？
答えはつぎのページだよ。

ほんもの

「あー楽しかった。」

たくさんあそんで、フワリンと
ゾロリとイシシとノシシはすっかりともだちです。

「学校に行っても、こんなふうに
　みんなとなかよくなれるかな……!?」

フワリンのドキドキは、ちょっぴり学校が楽しみな
うれしいドキドキにかわりました。

「ゾロリ先生、ありがとう……学校でも
　ともだちと、なかよくするね！」

ランドセルをせおったフワリンは
ワクワクしながら、ようかい学校にむかいました。
フワリンの、新しい生活がはじまります。

> **▼おもな参考文献**
> 『イラスト版子どものソーシャルスキル 友だち関係に勇気と自信がつく42のメソッド』(相川充、猪刈恵美子 著／合同出版)、『クラスが変わる! 子どものソーシャルスキル指導法』(岩澤一美 監修／ナツメ社)、『構成的グループエンカウンター・ミニエクササイズ56選 小学校版』(八巻寛治 著／明治図書出版)、『「表現力」に差がつく! 12歳までに知っておきたい言い換え図鑑』(齋藤孝 著／日本能率協会マネジメントセンター)、『学校では教えてくれない大切なこと⑥ 友だち関係〜気持ちの伝え方〜』(旺文社)、『ワークシートによる教室復帰エクササイズ 保健室・相談室・適応指導教室での「教室に行けない子」の支援』(河村茂雄 編／図書文化社)

本書の情報は2024年9月現在のものです

かいけつゾロリアカデミー
ともだちづくり　まなびの天才

2024年10月　第1刷

原作／原ゆたか
企画・構成／プロダクションベイジュ
カバー・本文デザイン／Kプラスアートワークス有限会社
イラスト／アキワシンヤ
校正／崎山尊教

発行者／加藤裕樹
編集／柘植智彦
発行所／株式会社ポプラ社
　　　　〒141-8210 東京都品川区西五反田3-5-8
　　　　JR目黒MARCビル12階
ホームページ／www.poplar.co.jp
印刷・製本／中央精版印刷株式会社

ISBN978-4-591-18253-6
N.D.C. 379／95p／21cm　Printed in Japan
©原ゆたか／ポプラ社・BNP・NEP

落丁・乱丁本はお取り替えいたします。
ホームページ(www.poplar.co.jp)のお問い合わせ一覧よりご連絡ください。

本書のコピー、スキャン、デジタル化等の無断複製は著作権法上での例外を除き禁じられています。
本書を代行業者等の第三者に依頼してスキャンやデジタル化することは、
たとえ個人や家庭内での利用であっても著作権法上認められておりません。

本の感想をお待ちしております
アンケート回答にご協力いただいた方には、ポプラ社公式通販サイト「kodo-mall (こどもーる)」で使えるクーポンをプレゼントいたします。
※プレゼントは事前の予告なく終了することがあります
※クーポンには利用条件がございます

014

P4900385